www.fabijennas-seeleninsel.de

Künstlerin: Hanna Fabijenna Rosenauer

Book cover by:

Frank Rolf Josef Pöhlmann

(Mein geliebter Sohn)

„Die wundervolle Magnolie „

Magnolienbaum auf dem Boden der St. Michael - Evangelische Lutherische Kirche - Wolfratshausen - 2017

„Himmlische Werke eines Erdenengels"

Clarissa M. Seite

Siebtes Buch!

Sommer 2017

"Heavens Tools of an Earthangel"

Erzengel Raphael!

Erzengel Raphael ist heute ganz besonders stark bei uns ...

Er möchte uns die Heilung bringen & vor allem Gesundheit & Reichtum♥

Er hilft dir deine "Intuition" wahrzunehmen und vertraue auf Dich und deinen Visionen!

Wenn du Hilfe brauchst; ruf Ihn an und bitte einfach um Unterstützung.
Nichts lieber als das ... sagt er; ich bin bei dir jetzt und Alle anderen Tage auch♥

Wenn du gerade auf Reise bist, dann ist dies ein besonderer Segen.
Er begleitet dich und bringt dir Glückseligkeit.

Er führt dich auf einen guten Weg!

Für Alle Medien - Heiler - Lichtbringer
- Lehrende Wesen - Wissende -
Heilberufler, möchte euch und wird dir
diese segenreiche und göttliche
Energien senden; verbinde dich dabei
mit dem grünen Lichtstrahl
(Herzchakra) und begebe dich ins
Gleichgewicht zwischen Herz &
Verstand♥

"Heilung geschieht auf Allen Ebenen"

Geistige Führung wird dir immer
durch Erzengel Raphael
zuteilwerden♥

Er ist der mächtige Heiler Engel !!

Mögliche Affirmation:

Ich bin glücklich - gesund und reich /
heil

Ich bin vollkommen gesund & heil

Bildquelle:

Gertraud Fischer

www.kreative-therapie-hof.de

Love is - Liebe ist

Seelenheil!

Wieder sieht man Schleier sinken und
vertrautes wird fremd,
neue Sternenräume winken, Seele
schreitet traumgehemmt.

Abermals in neuen Kreisen ordnet sich
um ein die Welt,
und man sieht achtsam weisen, als ein
Kind hineingestellt.

Doch aus früheren Geburten zuckt
entfernte Ahnung her,
Sterne sanken, Sterne wurden, doch der
Raum war niemals leer.

Seele beugt sich und erhebt sich, atmet
in Unendlichkeit
und aus zerrissenen Fäden webt sich,
neu und schöner Seelenheil.
(Herman Hesse)

Eine gute Zeit Ihr lieben Seelen♥

Wahre Liebe fließt aus dem Herzen

Was darf bei dir nun heilen
...

Bei mir sind es die Augen –
Kopfbereich ...

Mögliche Affirmation
Alte Verletzungen und
verknüpfte vergangene
überholte Muster / Strukturen
lasse ich nun endgültig los.
Hier & Jetzt♥

Ich bin mein wahrer Meister;
ich trage Alle Weisheit die
mir dienlich ist in mir 🤍

Um die Welt in Ordnung zu bringen,
müssen wir zuerst
die Nation in Ordnung
bringen.
Um die Nation
in Ordnung zu bringen
müssen wir zuerst
die Familien
in Ordnung bringen.
Um die Familie
in Ordnung zu bringen
muß jeder von uns sein
persönliches Leben
in Ordung bringen.
Um unser Leben in Ordnung
bringen zu können,
müssen wir unsere Herzen
in Ordnung bringen

Konfuzius

Wenn die Maus sich dir zeigt …
dann

Weiter auf meinem Blog:

ClarissaSeite.Tumblr.com

Oder

4. Buch

„Herzensweisheiten eines Erdenengels"

Bist DU ein Lichtarbeiter

Du bist ein Lichtarbeiter oder möchtest mit der göttlichen Kraft noch mehr in dir in Verbindung SEIN ...

Verbinde dich mit dem "Göttlichen - Universellen" und glaube an Dich und dein Herz!

Liebe fließt durch Alle Zellen deines Seins♥

Gehe die Verbindung mit Dir und deinem Herzen ein und spüre diese unendliche Kraft, wie sie durch Dich als Lichtbringer fließen kann und darf♥

Sei dir gewiss, dass Erzengel Michael immer für Dich da ist und dir Schutz gewährt, wenn Du "Ihn und diesem Schutz" bedarfst.

Bitte und Bete in Liebe 🤍

"Erzengel Michael bitte beschütze mich und leite mich in Demut und Dankbarkeit als Lichtbringer der universellen - göttlichen Kraft"

Mögliche Affirmation:

Ich bin bereit für meine Berufung und öffne mich der göttlichen Eingebung und Kraft voller Liebe - Demut und Dankbarkeit!!

Einen Wunder-vollen & Kraft-vollen Tag Ihr lieben Seelen

Love & Light & Joy

Eure Claire

14

Glaube daran!!

Glaube versetzt Berge

Glaube daran!!

Glaube versetzt Berge ... warum ist das so ...!?

Durch die Macht des Glaubens und der Worte schwingen wir uns in eine höhere Kraft ein und können dadurch die Kraft dieser Energie für uns zu Nutze machen.

Alles ist Energie und möchte so gut wie möglich

"direkt"

fließen und ans Ziel ankommen!

Es ist wichtig, dass du dazu Alle unnützen - negativen – desstruktiven - pessimistischen Gedanken loslässt.

Stelle dir ein positives Ereignis vor und verknüpfe deine Intension - Wünsche und gewünschten Ergebnisse in einer deiner gewünschten Visionen vor.

Beispiel:

Du möchtest ein gewisses Ergebnis erreichen, so ist es wichtig, dass du Dich bereits darin siehst zum Beispiel als erfolgreicher Star oder als Besitzer eines Ladens, eines gewünschten Objektes oder als Partner eines Unternehmens oder als Lichtarbeiter im göttlichen Auftrag des Universums oder als Tierschützer - Schützer der Erde oder als Liebender in einer gewünschten Partnerschaft mit einem besonderen Menschen deiner Wahl.... Male dir diese Vorstellung - Bild bunt aus ... mit als den gewünschten Erfahrungen und Ereignissen   ...

Lass dir dazu viel Zeit und mache das in "Ruhe & Gemütlichkeit" mit all deiner "Liebe & Kraft" ... je nach "Lust & Laune"

Nehm diesen Wunsch mit in deine Träume - Tagträume und lebe sie aus, so wie du es dir gerne wünscht.

Dem sind keine Grenzen gesetzt!

Jetzt kann das Gesetz der

"Anziehung und Resonanz"

voll & ganz wirken und sich energetisch entfalten.

Mögliche Affirmation:

Ich bin bereit, jetzt meine Wünsche in Visionen und Taten umzusetzen♥

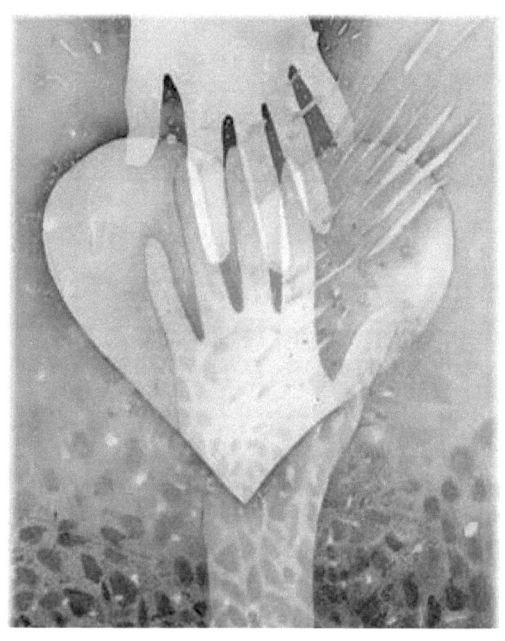

Bin im Herzen in der Berührung auf dieser
wundervollen Schwingung mit dir
verbunden und im Einklang

Alles hat seine Zeit!!

Sorge Dich nicht wegen Gestern oder
wegen Morgen ...

"Hier & Jetzt"

Du bist genau am richtigen Ort zur
richtigen Zeit in Kontakt mit deinem
Weg ...

Die Christusenergie ist immer mit Dir
und umhüllt deinen Körper - deinen
Geist und deine Seele♥

Bitte und Bete und es wird dir erhört♥

Mögliche Affirmation:

Sorge Dich nicht; Alles ist gut angelegt
in deiner Welt!

Ich bin Liebe & Licht♥

Einen wundervollen Guten START ...

In der Kraft sehen - lieben & handeln 🤍

Was möchtest du heute für dich umsetzen und schon lange machen♥

Tu es heute ... und tue es gut ... hier & jetzt♥

Mögliche Affirmation:

Ich bin bereit meine Herzenswünsche liebevoll in die Tat umzusetzten! JETZT♥

Ich vertraue auf meinen Herzensruf; mein Herz zeigt mir den wahren Weg des Glücks♥

ICH BIN

Liebe ist ...

Was bedeutet Liebe - lieben überhaupt

Ich liebe Dich!

Warum fragen wir uns das eigentlich
ständig und sind oft auf der Suche nach
der sogenannten wahren Liebe ...

Liebe, die wir in uns nicht selbst finden
können?

Ein Ur-Gefühl in der Zeit des
Wachstums und der Geburt!

Mutterliebe

Vaterliebe

Geschwisterliebe

Welche Erfahrungen und Gefühle
verbinden wir damit und wünschen uns
diese aufgrund Verlust oder weil es
doch so schön war in unserem Leben
zurück!?

Ur-Liebe

Ur-Vertrauen

Ur-Geborgenheit

*„Wenn die Seele liebt, gibt es
kein zurück mehr"* ...

Dualseelenpartnerschaften

In der bedingungslosen Liebe!

Wo und Wann beginnt diese Liebe zu sein.

Wann ist sie entstanden und hat sich entfaltet in uns ...

Bereits bei der Zeugung, durch den Ur-Funken (Samen der Schöpfung - Zellinformation).

Die *"All-Liebe als göttliche Energie"*; als höchste Schwingung im Universum, bereit sich durch die Liebe zu vermehren - stark zu werden mit all Ihrer Kraft!

Die höchste Kraft und Macht im Universum.

Was macht Sinn, als wenn nicht durch die Liebe als höchstes Gut diese wundervolle Energie der Liebe genießen und einfach leben dürfen als Manifest des Lebens an sich.

Was verbinden wir, außer der Mutter und Vaterliebe (Zeugung) der Geschwisterliebe und den wertvollen

Freundschaften in unserem gedanklichen Gut noch ... gerade in Partnerschaften im Mit-ein-ander ...

LIEBE ist

SEIN

ein Austausch an Gefühlen für Körper - Geist und Seele!

Zärtlich sein

Liebkosung

Streicheln

Kuscheln

Wärme

Küssen

Lieben mit all seinen Zellen - Fasern - Körperlichkeiten ...

SEX!

Im Vertrauen - Respekt - Achtsamkeit
im Mit-ein-ander SEIN.

Gerade wenn es um *"Zweisamkeit in der Partnerschaft"* und sogenannten Beziehung (ziehen - Zug - beziehen - Bezug) geht, wird es oft und meist sehr interessant, denn der Mensch lebt oft in seinem Ego und möchte; fordert sogar vehement ein!!

Ich will ...

das du .... mich ... liebst - umsorgst - vertraust - gibst - besorgst - da bist

und und und ...

Im Miteinander - Im Wechsel der Bedürfnisse - Im Gefühl von Lücke - Not - Allein sein (Alleinsein - bist du nicht Allein) Langeweile - Blaupause?

Was ist nun Liebe und wenn ich sage, ICH Liebe dich, was möchte ich genau

damit ausdrücken, dass DU für mich
bist - mir bedeutest wenn DU

da bist

mich umsorgst

meine Lücke schließt

meine Bedürfnisse errätst und füllst

oder und

mir all das (fehlende) *"Vertrauen & die Geduld"* schenkst, die ich mit mir und dir und anderen (nicht) aufbringen kann.

"Du bist mein Fels in der Brandung"

Je mehr wir uns mit uns auseinander setzen und in den eigenen Modus der *"Selbst-Liebe"* finden und unsere persönliche Verantwortung des Sich um Sich kümmern - sorgen - lieben finden, dann kann sich die Liebe umso mehr entfalten!

Wir erwarten nichts ... wir sind ... im Sein ...

Unser Glück hängt nicht vom anderen - gegenüber statt; es lastet nicht als Verpflichtung auf seinen und unseren Schultern.

Liebe ... ist

bis dahin, lieben wir so gut und so viel wir nur können (manchmal voller Erwartungen erdrücken wir mit sogenannter Liebe; diese schwindet und erstickt aus Mangel an Vertrauen in UNS?), um letzten Endes in uns zu wachsen und zu gedeihen mit all unserem Verständnis und Liebe (Vertrauen und Geduld -- ohne Erwartung und Einforderung) sodass die reine Liebe an einem gewissen Punkt im Leben (Erkenntnis) einfach fließen kann ...

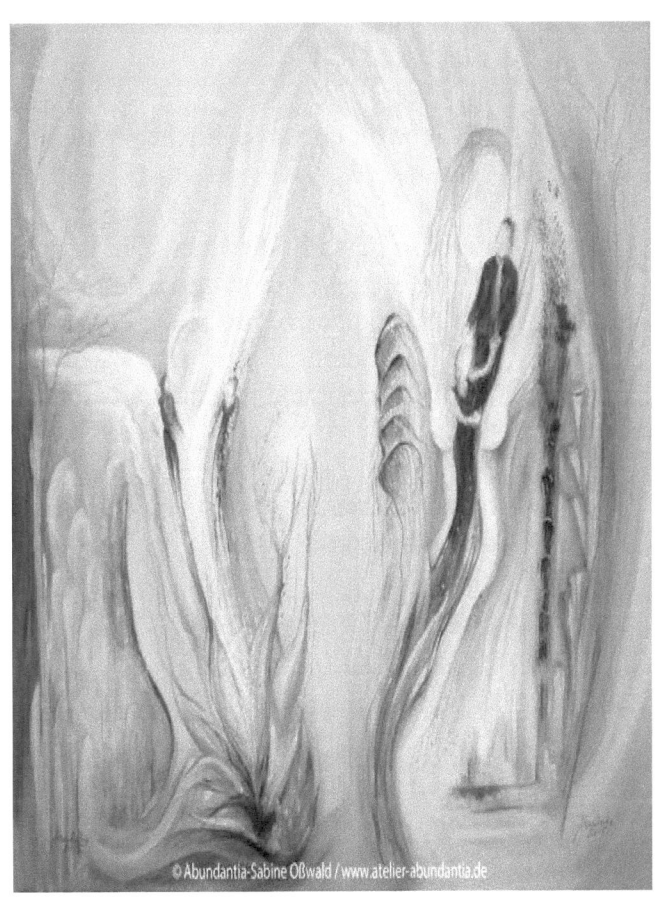

© Abundantia-Sabine Oßwald / www.atelier-abundantia.de

Durch die Engel geführt;
zusammengeführt, was zusammen
gehört!!

In Liebe♥

In Liebe durch den göttlichen Willen
vereint ...

Es ist so gewollt; die Hoch-Zeit ist
eingeläutet - geläutert durch den
Seelengang der vergangenen Zeit und
darf jetzt durch "Vergebung" wieder
belebt - gelebt und vereint werden♥

Jetzt ist die Zeit gekommen ... der
Samen ist reif geworden und entfaltet
den Wunsch der Seele!

Die Geburt wird eingeläutet♥

In Liebe♥

Der einstige Wunsch auf ein
Wiedersehen wird jetzt erfüllt♥

Tränen der Freude dürfen nun fließen ...

Alles fließt; Alles ist im Fluss!!

Fluss

Ich geben um zu geben ... (keine Erwartung weder an mich noch an dem Gegenüber) und wenn ich empfange (was automatisch sein wird) dann bin ich bereit und offen zu empfangen ...

Liebe fließt ... je mehr ich fließe in liebe je mehr fließt

"Liebe wird nie weniger werden, sondern immer mehr und mehr"

Weg vom Gedanken ... "Ich habe dir all meine Liebe gegeben und DU"

Rückerinnerung in den Zellen findet statt an die Ur-Liebe - an die göttliche Anbindung im Sein im Universum im Sein -- AllEinSein!!

Fluss - fließen lassen - unendlich

Vergleichbar mit der Liebe zu den eigenen Kindern ... egal was sie tun ... die Liebe ist da und es wird einfach geliebt (Bedingungslos in diesem Moment) erst später folgt der Gedanke an "Ein-Forderungen"

Du musst ... das .... und dann ... bekommst du ...

Liebe

Annerkennung

Respekt

Gehen wir **"Achtsam und im Gefühl bewusst"** mit dieser unerschöpflichen Form von Ausdruck **"LIEBE"** um, dann entdecken wir in **UNS** und um UNS herum einen **"a never ending Treasure"** einen niemals endenden **Schatz** (mein Schatz - Herr der Ringe) an Reichtümern - unendliche Weiten -

unendliche Freiheit - unendlichen
Fluss!!

Herz Herz

Seele Seele

im *Ur-Vertrauen der
Seele*, die in diesem
Moment und Überhaupt
generell im
menschlichen DA-SEIN
(Zellinformation &
Kommunikation) spricht
und über die Zelle
(Körperreaktion durch
Röte - Wärme -
Schmetterlinge im
Bauch etc.)
kommuniziert.

Die Seele, die im Ur-Sprung zu uns im Herzen (Intuition) kommuniziert und uns den Herzensruf (YouTube-Kanal Clarissa M. Seite) in UNS wahrnehmen und folgen lässt. (Zeit ist relativ - Albert Einstein)

Bewusst wahrnehmen lässt.

Mögliche Affirmation:

Ich lausche den Ruf meines Herzens; meine Seele spricht immer zu mir

Ich bin Körper - Geist & Seele

Ich bin Liebe

Liebe ist:

"Wahrhaftig"

Praxis für Psychotherapie

Clarissa M. Seite

Heilpraktikerin für
Psychotherapie[HPG]
Suchtberaterin
Mediale Psychologische
Lebensberatung / Kartenlegungen

**TAROT / KIPPERKARTEN /
ENGEL / KRAFTTIERE**
REIKI – Meisterin / Lehrerin

SCHREIBMEDIUM

&

 SPRECHMEDIUM

Blog: ClarissaSeite.Tumblr.com

YouTube: Clarissa M. Seite

Erstes Buch:

"Wie werde ich ein Erdenengel" &
auch in Englisch "How to become an
Earthangel"

Zweites Buch:

"Ein Erdenengel und seine
Geschichten"

Drittes Buch:

„Botschaften eines Erdenengels"

Viertes Buch:

„Herzensweisheiten eines
Erdenengels"

Fünftes Buch:

„Seelenweisheiten eines Erdenengels"
Jetzt seit 12.12.2016 im Handel

Sechstes Buch:

„Seelenbalsam eines Erdenengels"
Jetzt im Frühjahr 2017 im Handel

Audioaufnahmen!

YouTube

Clarissa M. Seite / Sprechmedium:

„Engel der Meere"

„Wenn der WAL in dein Leben schwimmt"

„Der Wolf als Krafttier"

„Herzensruf"

„Der Drache, der eigentliche Phönix"

„Gefühl im Gefühl"

„ICH bin FREI"

„Das Pferd als Krafttier"

„Selbst-Wert-Sein"

Gefühl im Gefühl

Wenn du das Gefühl tiefer gehen lässt

Ja, dann gehst du aus dem Kopf raus und ins Gefühl (Bauchgefühl - Intuition - Herz)

Ich lasse das GEFÜHL zu mir sprechen

Ich höre meinem GEFÜHL genau zu

Ich höre Aufmerksam hin, was mir mein GEFÜHL wirklich mitteilen möchte

Immer wieder das Gefühl und das Herz fühlen und sprechen lassen

Da hab ich schon einiges und mehr über das Gefühl in meinen Büchern geschrieben ... zum Beispiel:

"Herzensweisheiten eines Erdenengels"

Vom Gefühl ins wirkliche tiefe Gefühl gehen ...

tiefer gehen

forschen

eben fühlen

In den Bauch hinein, auch wenn es Schmerzen bereitet

Augen zum Gefühl öffnen

.. zulassen spüren auch wenn es Schmerzen hervorruft, Trauer bedeutet

Auch wenn es mehr hinsehen ins Detail
(Tiefen der Seele) bedeuten kann.

Doch viel mehr Gefühl für diesen
Menschen bedeutet, als man
ursprünglich zulassen wollte, dass was
man dieses immer widerkehrende
Gefühl im Kopf nicht zulassen wollte
.... für diesen einen Menschen!

Oh Gott – Schicksal!

*"Das darf doch jetzt nicht sein, spricht
der Kopf"*

Die Moral spricht dagegen!

*Verpflichtungen müssen geregelt
werden*

Abhängigkeiten gelöst

*Mutlosigkeit aufgeben und zur Aktion
schreiten*

Berufungen die gelebt; ausgelebt
werden wollen, egal wie alt man ist.

Oder oder den Gewissenskonflikt durch
hinsehen und fühlen auflösen!

Ich öffne mein Herz für die Liebe

Ich öffne meine Gefühl und mein Herz spricht zu mir

Auf sich wirken lassen, dass Gefühl zulassen, dann bist du im Kontakt mit deinen Herzenswünschen ... im Kontakt mit der wahren Intension deiner Seele!!

Seinem Gefühl Vertrauen schenken und dem Gefühl nachgehen, intensiv forschen und sich mit seinen Gefühlen tiefer auseinandersetzen bedeutet auch, sich "wahr und ernst" in seinem Gefühl anzunehmen.

Seinem „Selbst-Wert" Wertschätzung entgegen bringen.

Sich in seinem Gefühl lieben und somit die **reine und für sich selbst wahre Liebe** in seinem Leben zu leben!

Mögliche Affirmation:

Ich achte und vertraue auf meine Gefühle, denn Sie sind mein Wegweiser zu meinem glücklichen & erfüllten Leben (DaSein)

Ich öffne meine Augen für mich und mein Bewusst Sein; Ich nehme es voller Liebe & Freude an. Jetzt!

Der Weg ist das Ziel! – Konfuzius*

Wenn der Rabe in dein Leben fliegt, dann will dir dieses besondere Krafttier folgendes mit-teilen!

Gerade im *kommenden November* werden wir mit uns und unseren *zwei Seiten in uns als Spiegelreflektion konfrontiert!!*

Fragen wie …

Wer bin ich und wer möchte ich sein und was werde ich dafür tun …

werden ganz besonders & stark mit uns in Resonanz gehen!

Der / Dein Ruf deiner Seele wurde erhört und nun will **der Rabe dich wachrütteln** und dir sagen, dass du dir bitte keine Sorgen machen musst, sondern liebevoll mit dir und deinem inneren *Wesen & Wissen* deiner Seele umgehen darfst.

Jetzt darfst du ganz besonders deinen inneren Botschaften lauschen und diese vernehmen, denn es geht um deine inneren Schattenanteile.

Welche Anteile in Dir wollen noch erlöst werden bzw. aufgelöst werden?

Geht es um deine Ängste ...

Vertrauen -

Ur-Vertrauen

Vergebung

Selbstliebe

Co-Abhängigkeit

Sucht / Suche

& oder

deinem Selbst-Wert

Schreibe deine Schattenanteile auf ein weißes Blatt Papier und arbeite mit deinen Themen, damit du diese letzten Endes los-lassen kannst.

Jetzt werden dir diese Aspekte nochmals in dein Leben gesandt, damit du diese liebevoll ansehen kannst und somit *deine Fesseln der Abhängigkeiten* sprengen vermagst.

Wenn du dann diese verlorengegangen Seelenanteile wieder in dein

Lebenspuzzle zurückgefügt hast, bitte
ich dich diese frei zu setzen.

Wie?

Alles was dir *nicht mehr dienlich ist*, alt
und verbraucht und nun ein aufgelöstes
Muster ist; stecke diese wahrlich
(Zettelnotizen) oder symbolisch in
einen Sack und lege sie in dein Boot
das du nun freisetzen darfst.

Winke voller Freude dem Boot
hinterher und betrachte dabei den
wunderschönen Sonnenaufgang /
Sonnenuntergang mit all seinen
schönen Farben und Licht am Himmel.

Es ist nun vollbracht, du hast **deine
Schattenseiten - alte Muster** abgelöst
und deine Seelenanteile zurückgeholt.

Freue Dich und fühle dich nun vollkommen befreit.

Denn du bist es wert geliebt zu werden.

Ich bin Liebe & Licht!

Affirmation:

Ich bin perfekt so wie ich bin. ich bin frei!

„Der Luchs WüstenLuchs „

als Krafttier

Ein wahrlich sehender und hörender der Anderswelt

Wenn der Luchs erscheint oder sich bei dir zeigt, will er dich auf deine Fähigkeiten als Sehender und Hörender der Anderswelt hinweisen.

Auch begleitet er uns als Seelentröster, bei Verlust - Angst – Versagen Ängste und Verzweiflung.

Er möchte dich Rückbesinnen auf dein Vertrauen und Geduld im Bezug auf dein unerschöpfliches Potential an KRAFT!

Er besitzt die Fähigkeiten sich leise und
stätig ran zu schleichen und wenn es
nötig ist dies auch sprichwörtlich
abzuluchsen!

Der Luchs als schlauer - flinker und
eben Augen wie ein Luchs besitzen.

Er ist ein Meister des Überlebens, da er viele Fähigkeiten besitzt und sich dessen gewahr ist.

Der Luchs hat ausgezeichnete Augen und Ohren, also ein ausgeprägtes Seh- und Hörvermögen und auch wird ihm das schamanische spirituelle Sehen und Hören nachgesagt.

Der Blick in die Anderswelt der unsichtbaren Wesen - Seelen!

Also, wenn er dir begegnet, erinnere dich an deine Fähigkeiten und vor allem an deine Kraft!!

Er möchte dich gut begleiten und ist hier wie der Eremit im Tarot (Inneres Licht und Kraft erkennen) bereit dich ein Stückweit auf dem Pfad der Erkenntnis zu begleiten.

Er ist ein sanfter und feinsinniger
Begleiter, ein wahrer spiritueller
Tröster, der dir die Geborgenheit und in
die Balance; der inneren Mitte kommen
widerbringt.

Er, der **WüstenLuchs** verleiht dir als
möglicher Lichtbringer und sensibles
Wesen hinter die Kulissen zu schauen,
Irrtümer aufzudecken - Täuschung zu
entlarven - Geheimnisse zu lüften -
Unsichtbare Wesen zu sehen; deiner
Hellsichtigkeit und Hellhörigkeit zu
vertrauen und diese auch als dein
Kraftpotential zu nutzen.

Er verleiht dir den Mut und die nötige
Kraft und Ausdauer deine Fähigkeiten
weiter auszubauen, um dann den Blick
in die Anderswelt zu wagen und diesen
himmlischen Kontakt auszubauen.

In der Dunkelheit zum

Sehenden - Hörenden
und Fühlenden

werden!

Seelenkommunikation

Kinderseelen begleiten durch den Schutz und die Kraft von Erzengel Metatron und dem Krafttier Luchs

Auf deine medialen Fähigkeiten zu vertrauen.

Mit Geduld voranzuschreiten und dein Ziel sicher zu erreichen.

Ein Wissender wie der Eremit #9 !

Erzengel Metatron #9 !

9 - hohe spirituelle Zahl der Weisheit und dem inneren Wissen, der Tugend und der Würde

Gott ist allmächtig!

<u>Mögliche Affirmation:</u>

Ich vertraue meinen Kräften und bin offen & bereit mich den höheren Mächten anzuvertrauen. Ich bin jetzt bereit!

Rosen oft bei Krankhäusern
zu sehen, da diese eine
unglaubliche Kraft der Liebe
besitzen und fließen lassen.

Transformation!

Der Turm im Tarot biete eine tolle Sichtweise zum Thema:

Transformation!

Nicht nur das, es ist auch eine Karte bzw. ein Hinweis auf innere Heilung.

Heilung will geschehen und somit werden sich Dinge verändern und losgelassen aufgrund der Selbsterkenntnis, dass eine Erneuerung nun stattfindet und oder stattfinden muss.

Altes wird zerstört und kann so nicht mehr existieren, es hat ausgedient und macht nicht mehr glücklich in der Alten Form der Dinge.

Das Leben will fortschreiten und sich zu neuen Ufern aufmachen; es wagen, den Neubeginn einläuten.

Tiefgehende Transformation eben!

Die Seele weiß schon lange wo hin und
der Geist folgt ihr nun durch

Bewusst-Sein!

*All das, woran man sich gerade noch
in den letzten ca. zwei Jahren zu
klammern versuchte, fordert nun
seinen Tribut. Es kann so nicht mehr
weitergehen; es ist zu Ende!!*

Es ist zu Ende und es ist gut so, damit Weiter-Entwicklung stattfinden kann.

Was bleibt ist das Ur-Vertrauen, der
Rückblick in seinem Leben schon
vieles angenehmes und unangenehmes
bewerkstelligt zu haben.

Bewusst oder Unbewusst, es ist so …

Wir gehen immer weiter und die Welt dreht sich auch immer weiter.

Die Frage ist nur wie wir uns weiter drehen wollen.

Zurück zum Alten verbrauchten; Augen zu und eine weitere Episode des innerlichen Schreckens leben, also ein Ende ohne Schrecken zu erleben …

Oder

Den Mut zu neuen Abenteuer des Lebens beschreiten und die Lust des Erlebens in all seiner Kraft und Liebe erfahren wollen!

So viel Neues und Schönes wartet auf deine Bereitschaft sich zu transformieren mit all deinem bisher erworbenen - gefühlten und erlebten Wissen.

Time for a change!!

Das ist dann wahrlich eine der fruchtbarsten Momente und

Wachstumsphasen in deinem DA-
SEIN!

Herzlichen Glückwunsch, deine Seele
wird es dir danken.

Mögliche Affirmation:

ICH bin FREI!

Ich bin bereit, mich zu transformieren
und einen weiteren Schritt in eine
NEUE RICHTUNG zu gehen.

Alles ist gut angelegt in meiner Welt.

***Das Leben ist voller Fruchtbarkeit,
Wachstum und Freude!!***

Schöpferische Kraft!

Der Teufel wird wahrlich oft missverstanden und unterliegt oftmals noch einen volkstümlichen Aberglauben als längst vergangener Zeit ...

Zu lang ist es her, um sich noch an diesem Bild festzuhalten!

Am wenigsten wünscht sich das der schöpferische Himmel, dass Universum als Kraft der unendlichen Liebe!

Der Teufel als eigentlicher PAN will dich durch sein Schmunzeln auf deine selbst auferlegten Beschränkungen hinweisen.

Das Göttliche will dir immer wieder mit-teilen, das du den Schöpferfunken also diese unendliche Quelle der

schöpferischen Energien in die als Kind
Gottes als Funke in dir trägst!!

Wake up!

Wache - erwache und sehe, was du
gesäet hast ... , dass wirst du ernten!

Entdecke diese schöpferische Kraft und
gewinne diese neue Vitalität, dass in
Allem NEUEN ein wunderbarer
FUNKE steckt.

Der FUNKE deiner KREATIVITÄT

Betrachte das Bild des Göttlichen PAN
und entdecke sein Wissen, nur der der
den *HUMOR / Schalk im Nacken*

besitzt, weiß um all das weltliche und spirituelle Wissen.

Alles andere sind nur Projektionen gerade wenn man den Teufel an die Wand malt!

Das Bild zeigt dir auch den Stab (Phallus) und die zwei Kugeln (Hoden - vier männliche und vier weibliche Samen - Kaiser & Kaiserin im Tarot) als menschliche Kraft zwischen dem männlichen & weiblichen Prinzip; Vereinigung auf höchster Ebene (Spirituellem Wissen der LIEBE) als höchste Kraft ...

NEUES - GUTES entsteht.

Diese Schlangen (Hörner des Pans) als Horus und Osiris, die das Himmelsgewölbe durchstoßen hin zur Sterengöttin Nuith.

Von der Erde bis in den Himmel gereicht als = Vereinigung - ALL-EINS-SEINs

In der Vereinigung (Liebe) entfaltet
sich die kosmische Energie in seiner
ultimativen höchsten Form.

Lebe deine Sinnlichkeit & Sexualität

Im natürlichem Fluss deiner Gefühle

IM SEIN

Keine Angst, du darfst lieben und geliebt werden!

Loslassen von falschem Glauben und
sogenannten moralischen
Glaubenssätzen.

Liebe ist ... bis das der Tod euch scheidet ... dass kann auch in hier und

jetzt (neue Zeit) bedeuten ... wenn die Liebe stirbt, gestorben ist, dann ist der TOD (#13 Tod im Tarot)eingetreten!!

LIEBE!!

Durch diese Verschmelzung wird NEUES entstehen.

Einfach Göttlich!!

Mögliche Affirmation:

Ich entfalte meine schöpferische Kreativität und schöpfte Kraft & Vitalität

Ich vereine mich in LIEBE

LIEBE!!

Nur der Unwissende ist tierisch ernst
(zumindest in diesem Moment)

Wir Alle tragen diesen FUNKEN in UNS!

Auf gehts ... Weiter - MUT - Tatkraft -
in die eigene Kraft gehen.

Soviel gibt es zu erforschen & zu erfahren.

Die Entdeckungs-Reise kann nun
beginnen, wenn wir erst mal UNS und
UNSEREN Meister in UNS entdeckt
haben und diesen als Gide - Führer
auch zulassen.

Leben lassen - genießen - erfahren -
fühlen - spüren und LIEBEN lassen.

In diesem Sinne einen schönen PAN
(TAG ;-))

Tod & Wiedergeburt

Vergehen und Neuwerden

Befreiung aus alten Verstrickungen
werden nun eingefordert, wenn der
Sensenmann nun erscheint...

Keine Angst, es geht hier nicht um den
physischen Tod, im Gegenteil die alten
Verhältnisse drängen an die Oberfläche
und wollen erlöst - aufgelöst werden!

Im Tarot ist der Tod die Nummer 13

Gerade wie ich es las, war es 13:13
Uhr, damit kommt mir der Himmel mit
seiner göttlichen Zeit ... (Zeit ist relativ
- Und ich weiß, dass ich nichts weiß -
Albert Einstein) mit einem Wink &
Gruß freundlich entgegen!!!

Die Zahl 13 durchaus eine Glückszahl
da sie eine Primzahl ist und immer
durch die natürlichen Zahlen (1-9)
teilbar ist.

Wunder-Bar nicht Sonderbar

Primsche Zahlen haben durchaus Ihren Reiz ... ;-))

In der Nummerologie 1 und 3 als Schaffens- und Schöpferkraft!

Im Tarot ist die EINS der Magier, der, der wirklich mit Allen Elementen kann und dadurch großartiges schafft.. und die DREI die Herrscherin, die, die Wachstum hervorbringt und mit Liebe nährt und gebärt.

1+3 -= Vier - herrschen - beherrschen und Herrscher im Sinne von Gerechtigkeit siegt - auch tatsächlich sein

13:13 Uhr .. die aufgestiegenen Meister bitten dich, deine positive Haltung zu bewahren. Gebe Ihnen Alle Ängste und Zweifel, damit diese verwandelt und geheilt werden können.

Diese Zahl 13 bezieht sich außerdem auf die heilige weibliche Energie, Die Göttin ISIS - Mutter Erde - MOM Gaya, also auf die intuitive Seite (göttliche Weisheit und Botschaften), da das Jahr 13 Mondzyklen hat.

Wie man den Tod nun tatsächlich in sich und seinem Leben erfährt, hängt vom festhalten (Bringt noch mehr Schmerz & löst eigentlich gar nichts auf sondern verstärkt nur die Situation) des Einzelnen ab.

Jedes weitere Festhalten und festhalten wollen und anklammern an alte Bindungen und Altem Binden also Verhalten lässt das Sterben um so qualvoller erscheinen - spüren - fühlen.

Loslassen und ins nichts fallen lassen haben hier auch schon seinen Reiz, den man öffnet sich für die Leere ... das weiße Blatt kann neu beschrieben werden - die Tafel des Lebens neu bemalt!

Und wenn man nun sich ganz dem Ruf des Herzen öffnet wird das Skelett des Todes endgültig zu Staub zerfallen, denn es hat seinen Zweck erfüllt und kann sich wie nun zur Asche und zurück in die Erde ziehen!

NEUES fruchtbares kann NEU entstehen.

Erzengel Michael ist ja auch derjenige welche, der die alten Schnüre-Verstrickungen-Altlasten und Abhängigkeiten mit seinem mächtigen Schwert durchtrennt.

Bitte Ihn einfach darum ... sei dir dessen ganz bewusst, er, Erzengel

Michael wird dir helfend zur Seite
stehen...

Mögliche Affirmation:

Ich bin FREI

Ich bin bereit alte Verstrickungen
loszulassen um NEUEN begegnen zu
können.
Jetzt!

JA zu MIR - JA zum
TOD - JA zum Leben

NUR MUT liebe Seele, dass Leben will
glücklich gelebt werden.

Wir sind hier um glücklich zu
SEIN!!

Pusteblume

Wünsch dir was!

Von Herzen wünschen

Der Löwenzahn - Pusteblume♥

Wünsch dir was … du willst!

Warum nicht, es kann so einfach sein seine Wünsche wahr werden zu lassen …

Visionen umsetzen durch Aktion; Schritt für Schritt in die richtige Richtung gehend

…Informiere dich, wie DU deine Ziele erreichen kannst!

ODER:

Greif nach einer Pusteblume,
halte inne und wünsch dir was …

Male dir ein Bild deiner
gewünschten Zielerfüllung im
inneren Auge aus und halte das
Bild für einige Sekunden fest.

Jetzt pusten und deinen Wunsch
auf den Weg schicken.

Manifestation durch
Visualisierung sehr gut möglich♥

Üben - Üben - Üben und auch
wollen - wollen – wollen

Viel Spaß und Freude bei deiner Wunsch-Erfüllung!!

Ich bin jetzt bereit, mir meine liebsten
Wünsche zu erfüllen!

„Kirschblüten

& Magnolien"

Besondere Bäume, wenn es um die Liebe & um die Liebenden geht!

Wenn es um Partnerschaft geht, dann ist der Kirschblütenbaum ein ganz besonderer Ort zum verweilen

Meine Lieblingsblüten sind die

"Kirschblüte & der Magnolienbaum"!!

Die Kirschblüte wurde ganz bewusst
für das fünfte Buch gewählt♥

*"Seelenweisheiten eines
Erdenengels"*

*Wenn die Seele liebt, gibt es kein
zurück mehr …*

Das dachten sich auch die Japaner,
wenn es um den Ausdruck der Liebe
geht …

Der rote Mund einer japanischen Frau
bringt dies mit Kirschroten Lippen zum
Ausdruck.

Ausdruck eben von spezieller
Romantik und Anmut!

5. Buchcover:

„Seelenweisheiten eines Erdenengels"

Kirschbäume sind auch gerade im Asiatischen Raum für den Treffpunkt von potenziellen Liebesbeziehungen bekannt, denn sie helfen, das wahre Potential der Beziehung zu sehen.

Auch schützt dieser Baum laut
asiatischer Weisheit vor
Partnerschaften aller Art, die nicht zum
Besten sind!

Aufrichtige Emotionen steigen empor
und zeigen sich in Ihrer wahren
Eigenschaft und Kraft.

Meine geliebte Magnolienblüte!

Bewusster Träger von Transformation!

Erst zeigt sie ihr Kleid wie ein Skelett um dann mit aller Kraft zum prachtvollen und machtvollem Gewand aufzusteigen.

Wer als der Magnolienbaum beherrscht diese Kunst der Verwandlung; ein Aufstieg wahrer Meisterschaft!

*Paare, die sich unter einen
Magnolienbaum setzen werden
sofort spüren, wie die Angst
schwindet und die Fruchtbarkeit
der Liebe in den Herzen von
Mann & Frau wahrlich einfließt
in die Herzen der Liebenden.*

Herzfrequenz - Wellenlänge

Das ist der Moment, wo die wahre Magie der Liebe einkehr hält und sich ausdehnt.

Durch den Magnolienbaum erhältst du immer Antwort auf deine Fragen; gerade wenn es um die *"Liebe und Liebenden"* geht.

Einfach berühren und spüren; Vertraue auf deine innere Wahrnehmung und die sanfte Antwort die nun bewusst umgehend folgt♥

Bald blüht und erblüht er wieder; März wird der Monat der Neufindung und des Neuanfangs sein …

22. März!

Neubeginn in 2017

#2 Nummerolgisch steht für Miteinander

#2 Hohepriesterin im Tarot

Erzengel Michael sorgt mit Schwert und Waage für:

"Das Beste für Alle Beteiligten"

Mögliche Affirmation: Ich bin vollkommen im Vertrauen & Offenheit; Alles geschieht zu meinem Besten!

Ich bin Frei

Ich befreie mich von Ängsten und Kontrollthemen - JETZT♥

Die Hohepriesterin #II

Besitzt die Gabe und das Wissen des spirituellen

Sehen

Hören

Fühlen

Intuition

Tora: enthält das Wissen

Granatapel: Wachstum

Früchte: Transformation

Zwilling II Hohepriesterin

Die Hibiskus, die Blüte für das Miteinander - EinSein - AllEinSein

Die Hibiskusblüte ist ja auch für ein Hohes Maß an Vitamin C bekannt und versorgt auf hohem Niveau damit!

Wenn die Hibiskus in dein Leben kommt, brauchst du eventuell mehr Vitamin C oder einfach ein Wohl an "Miteinander - Familie - Heimat".

Geborgenheit und Ruhe

Meditation

Gleichklang

Balance

Eine Blume für das Solarplexus und Kronenchakra - Herz!

Was kannst du nun Tun um mit dir und der Welt wohl zu sein.

Achte auf dich und deine Bedürfnisse und lass die Sonne (Vitamin C + D) in deine Zellen hinein.

Im Winter eventuell mal die Sonnenbank besuchen und auch Saunen und Dampfen würden für ein Wohlsein sorgen.

Mögliche Affirmation:

Ich achte meine Bedürfnisse und pflege diese sorgsam und voller Liebe♥
Ich verdiene mein Aller Bestes!

Macht es euch schön heute … auch eine heiße Tasse Tee oder ein Stückchen Lieblingskuchen können kleine Wunder bewirken.

Ein Spaziergang und gute Musik für die Seele♥

Pflege dich und stelle deine Bedürfnisse an erster Stelle, denn wenn es dir gut geht, werden die Menschen um dich herum von deiner positiven Energie beseelt.

Transformation pur … warum …

Du kannst es mal in deinem Garten ausprobieren und pflanzt eine Hortensiensamen und lässt dich dann überraschen … welche Farbe raus kommt.

Jetzt sagst du … ich pflanze einen Samen mit einem Pink und dann kommt plötzlich ein Blau … je nach Lust und Laune der Pflanze und natürlich der Umgebung des Bodengehalts und seinem pH-Gehalt!

Diese Energie der Hortensie birgt diese transformatorische Energie der Selbst-Verwandlung in und mit sich. Deshalb ist Sie ja so einzigartig nicht nur in der Farbenpracht sondern auch im Duft.

Sanft und allmähliche Transformation eben!

Wunder-volle Hortensie

Zeit des Wandels - Zeit für bewusste
Transformation!

Ein Schritt nach dem anderen ins
NEUE nun gehen …

Nur MUT!

Jetzt ist die Zeit reif♥

2017 wird sich vieles in einem neuen Kleid zeigen; alte Kleider werden entsorgt!!

TRANSFORMATION PUR

Mögliche Affirmation:

Ich bin jetzt bereit für meine liebevolle Transformation♥

Ich bin im Frieden mit mir und den Menschen um mich herum♥
Alles ist GUT!

Love & Light eure Claire

Wer den Mond spürt, weiß um den Magnetismus und der Anziehung positiver Energien, auch wenn es um die Liebe und Partnerschaft geht.

JA - Aufbruch zu neuen Ufern!

Kommst du dir wie festgefahren in einer bestimmten Situation vor; wie ein Gehängter ohne Perspektive ...

Einfach total festgefahren!?

Sei dir gewiss, dass durch diese Situation ein Wandel und Loslassen geschehen kann.

Es geht weder Vorwärts noch Rückwärts!

Die Erkenntnis, die gewonnen wird ist ein Aufgeben deiner bisher gelebten Ideologien.

Es hat und macht keinen Sinn mehr. Es ist zu Ende!

Was bleibt sind die Notwendigkeit diese Verhaltensmuster zu durchbrechen, um NEUES entstehen und voller Liebe leben zu können.

Zeit um das Alte aufzugeben und eine Entrümpelung deines bisher erstarrten DA-SEIN zu starten

Die große Belohnung für diese tiefe Hingabe an das GANZE ist wahrlich eine Wende um 180 Grad.

Das drehen der Perspektive erlaubt dir nun die Welt mit anderen Augen zu betrachten!!

Nur MUT!

Du bist nun soweit, vertraue dir und deiner neu gewonnenen Intuition im Herzen

Mögliche Affirmation:

Ich bin bereit und öffne mich für das NEUE und GUTE in meinem Leben!

Ich vertraue meiner Herzensintuition voll und ganz

Love & Light & Joy eure Claire

TagesImpuls!

Achte auf Dich und deine Gedanken, denn sie erschaffen deine Realität und können deine Energie und Kraft erhöhen oder senken.

Je nachdem, wie du Lust hast und wie gut Du drauf bist!

Sag dir doch einfach jeden Tag mal so ganz bewusst, wie toll - kreativ - schön - lustig - wertvoll - liebevoll und schön du bist ...

Innen wie Außen!

Und lache, was das Zeug hält.

Das macht dich und dein Umfeld gleich viel geschmeidiger und leichter 🩶

Freude & Spaß leben♥

Klar, es gibt immer Menschen, die das in diesem Moment durch Anspannung oder Ihrer Situation nicht ertragen aber dann sei einfach liebevoll mit Dir und

sende "Frieden & Verständnis" aus und
lass die Situation & Person einfach los!

Segne mit Liebe und Frieden♥

Hab noch einen schönen Tag und
genieße die Sonne, die frische Luft und
vieleicht ein lecker Eis dazu …

"Du bist genau
das,
was Du von mir
denkst."

Guten Morgen - Botschaft♥

Handle!

Wer nicht aktiv handelt, handelt auch ... halt passiv!

Es ist wichtig, dass sich die Verhältnisse im Gleichgewicht befinden, denn nur geben und aktiv sein ist zwar eine schöne wertvolle Sache aber es ist auch wichtig, dass die andere Seite sich auch in seiner Art zeigt und wenn nicht ist das auch eine Handlungsweise in indirekter Form!

Nur Denken & Träumen und in sich gekehrt sein, bringen die Dinge nicht voran.

Sicherlich, es gehört schon eine Portion Mut dazu und die Angst sitzt im Nacken aber es lohnt sich immer seinem Herzensruf zu folgen♥

In die männliche Energie gehen heißt, die Angelegenheiten in die Hand zu nehmen und ruhig klare Akzente zu setzen.

Ein Blick - Ein Wort - Eine Geste können da schon Wunder bewirken.

Und wenn es nicht so ganz klar und glatt über die Bühne ging, dann einfach weiter dran bleiben ...

Auf ein Neues eben!

Mit Freude - Spiel und Spaß in die Leichtigkeit gehen und bitte den Humor nicht vergessen, auch wenn die Situation noch so verworren "scheint" ...

Du bist immer in Sicherheit mit Dir!!

Du bist ein liebevoller - liebenswerter - wertvoller - treuer - achtsamer Mensch und bist es immer Wert geliebt zu werden♥

Und das vor allem von Dir selbst!!

Gehe deinen Selbstbestimmten - Einzigartigen - Freudvollen WEG

"Eat - Love and Pray"

"Esse - Liebe & Bete"

Love & Light & Joy

CLAIRE♥

Impressum

Personendaten

Vorname Clarissa M.

Nachname Seite

Firmennamen Praxis für Psychotherapie - mediale psychologische Lebensberatung

Geburtstag 19. August 1969

Sternzeichen Löwe

Geschlecht Weiblich

Familienstand Verheiratet

Kontaktdaten

Strasse Winibaldstr. 14

PLZ 82515

Ort Wolfratshausen

Land Deutschland

Webseite http://www.theralupa.de / **www.heil-verzeichnis.de**

Persönliches

Über mich:

Clarissa M. Seite

Praxis für Psychotherapie nach dem HPG [HeilprG]

Mediale psychologische Lebens-Beratung

Psychologische Beratung und Kartenlegungen auf Wunsch am Telefon

Erstkontakt: 01525 - 654 99 30

www.theralupa.de

www.heil-verzeichnis.de

BLOG: CLARISSASEITE.TUMBLR.COM

SUCHT-Beraterin

(auf der Suche zum wahren Ich)

REIKI- Meisterin / Lehrerin

Mädchenname: Zickler

Geboren am: 19.08.1969 / Bad Neustadt a. d. Saale

Schulbildung:

Qualifizierenden Hauptschulabschluss – High - School in Louisiana - Realschulabschluss - Universität Tech in Louisiana / Ein Semester in Mathe - Geschichte und Englisch / Art & Sience

Lehrberufe:

Verkäuferin - Einzelhandelskauffrau - Versicherungsfachfrau - Heilpraktikerin für Psychotherapie - Suchtberaterin - Reikimeisterin / Lehrerin

Aufgewachsen in Speichersdorf bei Bayreuth bis zum 18 Lebensjahr

Nach Heirat in die U.S.A / Louisiana bis zum 21 Lebensjahr

Zurück nach Deutschland / Bayreuth für ein Jahr - München vier Jahre –

Bayreuth 16 Jahre - und schließlich wieder nach München / Wolfratshausen bis zum heutigen Tag.

Mein spiritueller Weg

... hat mit den Engel begonnen, die ich schon seit meiner Kindheit sehr bewundert habe und meine Oma mütterlicher Seite hat immer sehr viel zu den Engel gebetet, dass fand ich für mich sehr prägend.

Die Engel, meine tiefe Freundschaft - Verbundenheit und Liebe!

Die Engelsbilder von meiner Oma und meinem Opa hängen heute nun neben vielen anderen Engeln im Wohnzimmer und meiner Wohnung verteilt.

Als ich mir 1992 mein erstes Kartenset / Tarot von Miki Krefting aus München kaufte ging es mit vielen Stunden - Nächten um die Ohren schlagen und Beratungen für Freunde los in Richtung Spiritueller - Medialer und guter Intuition ans Eingemachte!

Mehr und mehr interessierte ich mich für diese umfangreichen Themen wie den Glauben an Gott den Engeln - Glaubensrichtungen der Welt - Interpretationen des Tarots in verschiedenen Auslegungen und Ausführungen von White Raider zu Crowley, der Nummerologie (Dan Millman) der Traumdeutung (C. Jung) Kastl – Kant – Frankl – Freud und vieles mehr dazu.

Kartensets wie Selbstheilung von Chuck Spezzano - Göttinenzyklus - Engel von Diana Cooper - Doreen Virtue - & und dem tollen Kartenset von Pia Schneider und Ruth Kendell – **Krafttiere** von Jeanne Ruland & Murat Karacay – **Maria Magdalena** von Jeanne Ruland & Marion Hellwig - **Spirituelles Geldbewusstsein** von

Thorsten Weiss und und und runden mein Profil ab.

Kinesiologie und TCM-Medizin - Kräuterkunde - Homöopathie und die universelle Energie; erst durch die drei Reikigrade und dem Lehrer wurden diese intensiv in meinem Leben seit der Geburt meines Sohnes Frank 1997 integriert und schließlich auch privat an mir und meiner Familie - Freundeskreis und interessierten Menschen praktiziert!

2008 kam dann, nach Jahrzehnten an "üben und lernen" im Spirituellen Bereich der Beginn mit der Ausbildung zum Heilpraktikerin zur Psychotherapeutin (Gesprächstherapie nach Rogers - Psychoanalyse nach Freud) und last but least

2009 die Ausbildung zur Suchtberaterin,

2010 die Gründung der Praxis für Privatklienten und psychologische - mediale Lebensberatung am Telefon!

2014 schrieb ich mein erstes Skript "Wie werde ich ein Erdenengel"

2015

Blog: ClarissaSeite.Tumblr.Com

2015 - 2017 Buch & ebook

„Wie werde ich ein Erdenengel

„Ein Erdenengel und seine Geschichten"

„Botschaften eines Erdenengels"

„Herzensweisheiten eines Erdenengels"

„Seelenweisheiten eines Erdenengels"

„Seelenbalsam eines Erdenengels"

„Himmlische Werke eines Erdenengels"

Seit 25 Jahren; seit Beginn meines ersten Kartendecks im Tarot kamen viele andere Kartendecks dazu und durch das tägliche ausüben und studieren von Fachliteratur in unterschiedlichen Bereichen hinsichtlich meiner medialen Fähigkeiten wird es immer mehr und

Das „Tun" immer intensiver und klarer
in der Ausübung!

© Abundantia-Sabine Oßwald / www.atelier-abundantia.de

Lass uns Vereinen

Lasst uns einig sein

Einig, im Miteinander -
zusammen in der Liebe eins sein
...

Liebe in der gemeinsamen
Symbiose - Synchronizität -
GleichKlang ... 🤍

SEIN

EINS SEIN♥

Mögliche Affirmation:

Ich bin mir dir EINS (einig) in
Liebe♥
Ich bin in Liebe vereint!!

Vereinszugehörigkeit wie:

Dachverband Geistiges Heilen

(DGH)

Verband freier Psychotherapeuten, Heilpraktiker für Psychotherapie und Psychologischer Berater e.V.

(VFP)

114

Üben – Üben – Üben

Lernen – Lernen – Lernen

Sein – Werden – Sein

Mein Leitmotiv ist:

Lehrer und Schüler zugleich ;-)

Immer und immer wieder ...

auf dem Weg der sog. Meisterschaft (TOD) um wieder und Neu Wiedergeboren zu werden (Phönix aus der Asche)

Anbieter-Impressum

Umsatzsteuer-ID-Nr 82 096 358 479

Handelsregister-Nr. / Steuer-Nr. / ggfls. Geschäftsführer

Praxis - Clarissa Mathilda Seite - Heilpraktikerin für Psychotherapie[HPG] - WOR

Steuernummer – Finanzamt Wolfratshausen – 169/258/90344 – **IdNr. 82 096 358 479**

Bankverbindung – Sparda Bank Nürnberg – BLZ 760 90 500 – Kontonummer 442 50 59

[Gemäß § 4 Nr. 14 Buchst. a UStG sind Heilbehandlungen im Bereich der Humanmedizin umsatzsteuerfrei. Dazu zählen auch die Leistungen der Heilpraktiker].

Ich wünsche Dir - Dir und Dir

Lieber Leser, eine wohltuende Öffnung zu Dir und zu deiner liebevollen Natur als

„Erden-Engel"

In diesen schnelllebigen Zeiten der Jagd nach Anerkennung – Profit und Erfolgsstreben kann dies eine neue Qualität an Erleben und einer eventuellen Konzentrierung aufs Wesentliche und zukünftiger „EntSchleunigung" bewirken!

Ein Dankeschön an:

Meine Eltern; einzigartig in Ihrer Art

Meine Geschwister, die mich in meinem Dasein begleitet und geformt haben

I Love You All!

Meinen Sohn Frank, der mir oft den Spiegel vor Augen hält! ;-) Buchcover von Sohn Frank fotografiert.

Dieses Büchlein dient als ein kleiner Wegbegleiter „täglicher Inspiration" und als Möglichkeit einer neuen Sichtweise in der Lebensführung.

Es ersetzt weder den Rat durch einen Arzt deiner Wahl, noch dient es als Ersatz für medizinische Behandlungen von physischen und psychischen Erkrankungen aller Art!

Werdende Mutter (schwanger) ist oder sich krank fühlt oder krank ist, konsultieren Sie <u>immer zuerst einen Arzt Ihrer Wahl!</u>

Und denk bitte dran …

Du – Du und Du – SIE –Er – Es

 trägst die Verantwortung für

Dich und dein Leben!

<u>Haftungsausschluss: Autor & Verlag</u>

<u>_Denk bitte daran:_</u>

Der Weg ist das Ziel - Konfuzius

„Du warst die ganze Zeit neben mir und hast mich getragen"!

Inhaltsverzeichnis:

Inhaltsverzeichnis:

Maiglöckchen weiß Röckchen

Der Mai wird dir das große "Glück auf Allen Ebenen" bringen!

Freiheit!

Sei dir dessen gewiss ... 5. Monat / Mai

Frei sein und in Freiheit SEIN♥

Für sich selbst in Freiheit entscheiden und die Freiheit mit sich nun leben können ...

Sich aus seinen ureigensten

"Grenzen - Begrenzungen entlassen"

und die Freiheit leben & genießen dürfen♥

Ich darf zu jederzeit in Freiheit leben.

Über den Tellerrand blicken und neu entdecken ...

Abenteuer des Lebens

Mögliche Affirmation:

Ich bin FREI♥

Ich darf mich und meine Freiheit voll ausleben!

Ich bin ein freier Mensch und ein freier Geist♥

LOVE & LIGHT & JOY just Claire

Ich bat Gott

Ich bat Gott um Kraft,
um etwas zu leisten.

Ich wurde schwach,

damit ich Demut lerne.

124

Ich bat um Gesundheit,
um Großes zu tun;

ich erhielt Krankheit,

damit ich Besseres tue.

Ich bat um Reichtum, um
Gutes tun zu können -

und erhielt Armut,

um weise zu werden.

Ich bat um Macht, um
allen Menschen zu
helfen;

doch erhielt ich
Schwäche,

damit ich Gottes Hilfe
suche und erlebe.

Ich erhielt nichts, was ich
erbat –

und doch viel mehr,

als ich erhofft hatte.

Masken fallen lassen; sich öffnen und Gefühle und Worte liebevoll empfangen und weiter geben ♥3

Nur Mut zur Offenheit und dem Eigen-Verständnis an Wahrheit leben!

Sich dem Gegenüber öffnen und sich geduldig und voller Vertrauen auf sich und seinem Partner - Spiegel - Gegenüber ein-lassen

Rein lassen ins Herz♥

Licht in die Schatten wie Ängste - Versagen - nicht geliebt werden überwinden, durch das Öffnen der Herzen♥

Herz zu Herz
Herzfrequenz leben
Kolibri

22
Rosen

Den Duft der Erdbeeren
vernehmen und die Freundschaft
und Liebe leben ...

Öffnen♥

Herzöffnung
Herzensruf

Was kann schon passieren, außer
das man sich im kennenlernen
Klarheit und dadurch liebevolle
Verbundenheit schafft!!

Respekt
Achtsamkeit
Sanftheit
Vertrauen

Vertrauen sich und dem anderen
miteinander auf-bauen♥

In den Fluss der Gefühle begeben
und fließen lassen.

Hab Vertrauen in Dich und dem
Herzensmenschen!

Mögliche Affirmation:

*Ich bin bereit mich voller Liebe
zu öffnen♥*

*Glück und Segen auf all
euren Wegen*

Wünscht euch von Herzen!

eure Lichtbringerin Claire

Mögliche Affirmation:

Ich vergebe mir und Allen
anderen aus ganzem Herzen; ich
bin jetzt bereit!

Einen wundervollen Guten Morgen ...

In der Kraft sehen - lieben & handeln

Was möchtest du heute für dich umsetzen und schon lange machen

Tue es Heute ...

& tue es gut ...

Hier & jetzt

Mögliche Affirmation:

Ich bin bereit meine
Herzenswünsche liebevoll in
die Tat um zusetzten! JETZT

Ich vertraue auf meinen
Herzensruf; mein Herz zeigt
mir den wahren Weg des
Glücks! JETZT

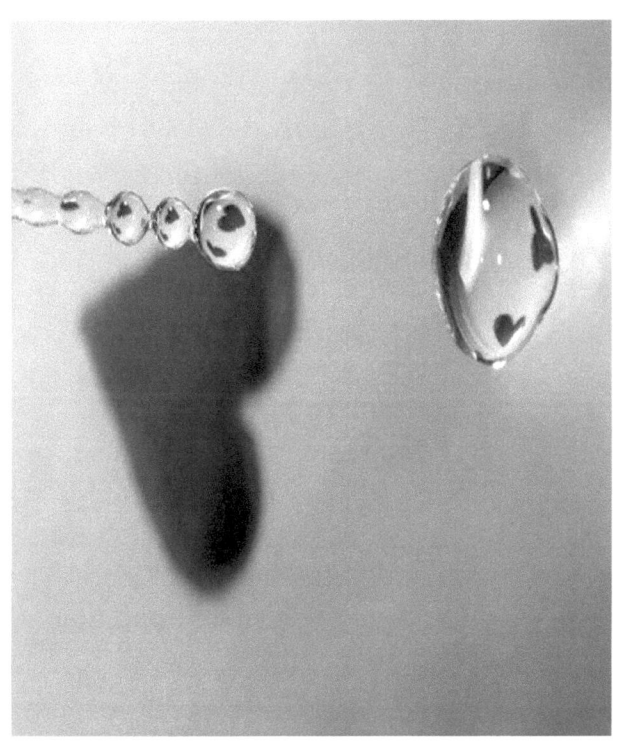

LOVE

Abend-Botschaft♥

"Es ist niemals zu spät für die Weiterentwicklung der Liebe"!

Bedingungslos lieben heißt

"Ich liebe mich & Ich liebe Dich"

Ich kümmere mich um mich, damit ich auch für Dich da sein kann

Denke daran, so kannst du ein guter Spiegel für Dich und dein Gegenüber sein!

Ich wünsche mir und Allen anderen immer nur das Beste und sende durch

„Lieben & Leben"

diese auch auf hohem Niveau aus!

Ich bin

Liebe & Licht♥

Fotoaufnahmen von meinem
Sohn <u>Frank Pöhlmann</u>

Gehe liebevoll und respektvoll
mit Dir und deiner Kraft um,
dann spricht die Weisheit deines
Geistes mit Dir!

Übrigens ich bin Löwin als Stern-
Zeichen!

19.08.1969 geboren, aufs Jahr
2017 gemünzt und gechannelt:

19 + 8 +2017 = 28 / 10

Zwei - Hohepriestern
Acht - Kraft
Zehn - Rad des Schicksals -
Glücksrad♥

Im Miteinander voller Liebe und
Kraft (Geist) den Weg des Glücks
(Seele) beschreiten in 2017!

Wer eine Channel Botschaft
erhalten möchte für 2017 mit
seinem Geburtstag oder seinem

Geburtsjahr können so einfach
errechnet und gedeutet werden.

Love & Light Claire

Abend-Botschaft

Mit dem Storchen im Gepäck♥

Wunderschön, wenn der Storch sich zeigt und sogar ein Neugeborenes im Korb / Tuch / Gepäck trägt... wie in diesem Bild!

Neues - Neue Gelegenheiten - Neu-Geburt - Neuankündigung

WAU♥

Jetzt aber zeigt er sich von der Seite der Verkündung vom NEUEN 🤍

Was für eine tolle Botschaft!

Neues - Wunder sind auf dem Weg zu Dir ...

Lass dich von der neuen Energie
überfluten und im Lauf des
Flusses mitreißen.

Keine Angst, du wirst nicht
untergehen ... wenn du dich in
diesen Strom begibst!

Voller Vertrauen und Schritt für
Schritt oder besser gesagt im
Fluss! Alles Liebe für Dich

Gute Nacht liebste Seele

Ich denk an Dich!

Voller Liebe & Segen♥

Wunder-volle Träume &
wertvolle Einsichten in die
Anders-Welt

Mögen Dir wertvolle Botschaften
zuteil auf deinem Weg der er-
Neuer-ung♥ & der Heil-ung♥

Bild Frank Rolf Josef Pöhlmann – Gardasee

140

Bild Frank Rolf Josef Pöhlmann – Gardasee

Entfalte Dich

Liebe Dich

Wachse

Gedeihe

Liebe zuerst Dich selbst

Liebe Dich und deine Talente

Liebe deinen Körper voller

Achtsamkeit & Respekt

Pflege dein „inneres Kind"

Bild Frank Rolf Josef Pöhlmann – Gardasee

Ich liebe mich & Ich liebe Dich

*Ich bin wertvoll & Du bist
wertvoll*

Ich achte meine & deine Grenzen

*Ich danke mir & und dir für dein
Sein*

Ich bin & Du bist

*Dann ist ein WIR voller Wunder
wohl möglich & wertvoll in sich*

Im Mit-ein-ander

Im All-Ein-Sein

Everything you feel in your heart is true!

Just believe and trust in your emotion.... 🤍

Follow your intensions and trust in the right timing above♥

Angels are helping in the background and quard you tender♥

Trust & believe in yourself - go on your way of luck & happyness!

Just go in that feeling deep down in your cell system and feel the language of your body & soul♥

Breathe deeply - more often

Everything is on your way; just open your heart now for LOVE♥

In Time with the spirit of GOD

Greetings & Blessings CLAIRE

LOVE IS Powerful!

Tages - Botschaft!

Die "Calla-Lilie"

aus dem griechischen "Kallos" für die körperliche Schöne,

möchte sich über das

"Herzchakra"

bemerkbar machen!

Sie hilft, die Liebesbeziehung mit dem Seelengefährten noch inniger auszudehnen.

Gerade in solchen tiefen Verbindungen entstehen alte Ängste von Ablehnung und Verletzungen.

DualSeelen - Zwillings-Seelen

sind besonders davon betroffen.

Gilt es doch diese Verbindungen auch
durch "Rückzug" zu stärken, damit alte
Wunden, jeder für sich heilen kann, um
dann wieder erneut - erneuert auf
einander wirken und lieben zu können

Die "Callas" unterstützt mit Ihrer
körperlichen Anziehung und vereint
dort, wo der Glaube und der Mut
gestärkt werden muss.

JA, vertraue auf deine Gefühle im
Bauch - Herz - Kopf ...
Die Botschaft dieser Lilie ist:

"Ich liebe Dich"

JA, Ich LIEBE DICH!

Sie trägt uneingeschränkt die Gefühle
des Seelenpartners in sich und überträgt
diese durch ihre starke Energie der
Liebe!

Eure Liebe ist stetig am wachsen und
wird genau zur richtigen Zeit
vollkommen erblühen ...

Vertraue, du wirst göttlich geführt!
Vertraue deinen inneren Impulsen und
die kleinen sanften Schups, die du von
den Engelwesen erhalten wirst, sie sind
Wegweiser und Wegweisend für Dich
auf deinen Weg zu deinem
Seelengefährten

Mut und Geduld sind bei dir und
unterstützen durch die Kraft der

"Calla - Lilie"

Vereinigung geschieht auf höchster
Ebene und wird nie enden in dieser

„Seelenverbindung, bis über den Tod
hinaus in der Zusammenkunft im hier
&
jetzt wieder vereint"!

Love & Light & Joy

Deine CLARISSA

Mein Herz
geborgen und ruhig
mit besänftigender Fürsorge
dem Wandel vertrauen
mich weiten
und das Wunder des Neubeginns
erwarten
umgeben von Liebe und Vertrauen
eingebettet im Feld der unendlichen
Weisheit.

Bild und Text
Gertraud Fischer

Bild:
Pastellkreide
77x54 cm

Bildquelle:

Gertraud Fischer

www.kreative-therapie-hof.de

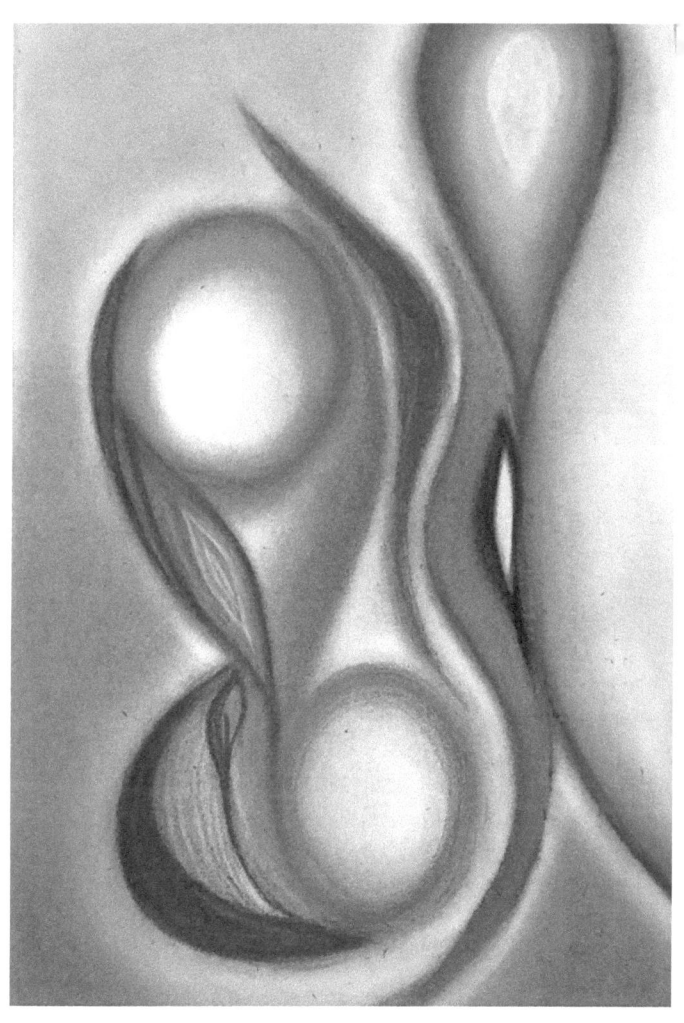

Herstellung und Verlag:
BoD - Books on Demand, Norderstedt
ISBN 978-3-7448-2295-4